Marina Zuber

Zusammenfassung des Moduls Bildung und Gesellschaft

GRIN Verlag

Bibliografische Information der Deutschen Nationalbibliothek:

Die Deutsche Bibliothek verzeichnet diese Publikation in der Deutschen National-bibliografie; detaillierte bibliografische Daten sind im Internet über http://dnb.d-nb.de/ abrufbar.

Impressum:

Copyright © 2012 GRIN Verlag GmbH
Druck und Bindung: Books on Demand GmbH, Norderstedt Germany
ISBN: 978-3-656-75589-0

Dieses Buch bei GRIN:

http://www.grin.com/de/e-book/281049/zusammenfassung-des-moduls-bildung-und-gesellschaft

GRIN - Your knowledge has value

Der GRIN Verlag publiziert seit 1998 wissenschaftliche Arbeiten von Studenten, Hochschullehrern und anderen Akademikern als eBook und gedrucktes Buch. Die Verlagswebsite www.grin.com ist die ideale Plattform zur Veröffentlichung von Hausarbeiten, Abschlussarbeiten, wissenschaftlichen Aufsätzen, Dissertationen und Fachbüchern.

Modul 1 B Bildung und Gesellschaft

Unterschicht = soziale Randgruppen, ressourcenschwache Gruppen (Kapital), sozial Benachteiligte, … etc.

Milieu = Schicht [ich habe negative Assoziationen beim Wort Milieu]
pr / kr = bildungsrelevant, klausurrelevant

1 Sozialisation – was ist das?

Betrifft Bereich der sozialen Realität. Sachverhalt ist nicht sinnlich direkt oder dinglich erfassbar. Wissenschaftliche Definition versucht Bereich der sozialen Realität präzise zu beschreiben.SP bedeutet Entwicklung und Verankerungen der menschlichen Persönlichkeit.

Prozess der Entstehung und Entwicklung der Persönlichkeit, in Abhängigkeit von gesellschaftlicher vermittelter sozialen und materiellen Umwelt.
Wie bildet sich der Mensch zum gesellschaftlich handlungsfähigen Subjekt?

Subjektentwicklung

Gesamtheit aller Umweltbedingungen wirken auf Subjektentwicklung: Anforderungen am Arbeitsplatz, Wohnsituation, Fernsehkonsum, elterliche Sprachverhalten.
Alle Umweltbedingungen sind gesellschaftlich beeinflusst: Elterlicher Erziehungsstil, Lernprozess in Schule, Kommunikation am Arbeitsplatz.
Soziale und materielle Umweltbedingungen sind gesellschaftlich beeinflusst: Materielle Umwelt ist in keinem natürlichen Ursprung, sondern gesellschaftlich bearbeitet.
Gesamtheit der Umweltbedingungen werden unter eingeschränktem Blickwinkel betrachtet, nur so, dass diese auf Auswirkung der Subjektentwicklung zielen.
→ Gesamtheit der gesellschaftlichen Umweltbedingungen und deren Bedeutung auf Entwicklung des Objekts / Persönlichkeit.

1.1 Persönlichkeit und Umwelt: zum Charakter des SP

Persönlichkeit

Einzelner Mensch wird gekennzeichnet durch psychische Strukturen und Merkmale eines Individuums: individuelle Merkmalen, Eigenschaften, Einstellungen, Handlungskompetenzen, die in Lebensbiografie entstanden sind.

Nicht nur von ausen zu beobachtende Verhaltensweisen, sondern auch innerpsychische Prozesse, Gefühle und Motivation, Wissen, Sprache, Werte.

Aufgabe der SF

Aufzeigen, welches Verhältnis innere Realität zu Bedingungen der äußeren Realität hat.

Sozialcharakter

Individualität unterscheidet einen von anderen – Sozialcharakter teilen alle Mitglieder einer Gesellschaft. Dies ist das Ergebnis der Erfahrungen der Gruppe.

Ermöglicht Charakter von Klassen, Gruppen, Volker, Nationen zu gruppieren.

Beispiel ethische Minderheiten: andere Selbstverständlichkeiten im Rollenverhalten Mann/Frau, Essgewohnheiten, Höflichkeitsformeln.

Heranwachsender erwirbt Selbstverständlichkeiten der Gruppe und damit Anteile des Sozialcharakters.

Persönlichkeit im SP zeigt auf Vergesellschaftung des Individuums.

Verhältnis Individuum zu Umweltbedingungen

Heranwachsender nimmt aktiv Einfluss auf Lebens- und Lernprozesse und Umwelt → entwickelt sich zu handlungsfähigen Wesen (Subjektentwicklung).

Aktive Aneignung von Umweltbedingungen durch Mensch.

Aktive Gestaltungsfähigkeit des Subjekts: Spannungsverhältnis von Anpassung und Normierung des Menschen als Gesellschaftliche Anforderung vs. Mensch hat Möglichkeit sich zu Umweltbedingungen individuell und aktiv und situativ zu verhalten.

Erziehung wird als gesteuerte Beeinflussung der Heranwachsenden durch Erwachsene als Teil der Sozialisation gesehen.

Sozialisationstheorie – andere Zugänge

Biologische Auffassungen

Individuelle Unterschiede in Leistungsfähigkeit und Charakter sind bereits vor der Geburt festgelegt.

Gegenargument: Persönlichkeit bildet sich in Auseinandersetzung mit Umweltbedingungen. Genetische Fixierung von Charakter ist wissenschaftliche Spekulation.

Idealistische Auffassungen

Subjektentwicklung des Menschen ist nicht für empirische Wissenschaft zugänglich und auch nicht auf gesellschaftliche Bedingungen zurückzuführen.

Beispiel Dilthey: Genese der Persönlichkeit ist ein Prozess der psychischen Entfaltung, die sich geisteswissenschaftlich-verstehend (Prozess Verstehen & Deuten) beschreiben lasst, aber nicht empirisch analysieren.

Pädagogisch-reduzierte Perspektive

Es wurde betrachtet, der „pädagogische Bezug" (NOHL), also die erzieherische Interaktion eines Erwachsenem gegenüber dem Heranwachsenden.

Mittelpunkt war Bildung und Erziehung in der Schule. Sonstige Einflussfelder wie Massenmedien oder Peergruppe wurden ausgeschlossen.

1.2 Ebenen und Phasen - zur Struktur des SP

Gliederung des Sozialisationsprozess in gesellschaftlichen Ebenen, welche Zwischenstufen zwischen Persönlichkeit und Gesellschaft gibt es?

Biografische Gliederung des SP in Phasen, Phasenweise, durch Altersabschnitte getrennte Entwicklungsaufgaben zu erledigen.

Ebenen des SP

Individuum ist in sozialen Lernumwelten, aber eingebunden in größere Kontexte. Interaktion Eltern und Kind gilt als vor-schulische Sozi. Bestimmt durch elterliche Persönlichkeit.

Gesellschaftliche Strukturen / Strukturveränderungen (Arbeitszeitverkürzung,

Veränderung gesellschaftlicher Arbeit – Dienstleistungssektor / soziale Schichtung)
wirken indirekt auf Verhältnis Eltern / Kind = Familie und auch auf
Persönlichkeitsentwicklung.

SP und deren Strukturen wirken **indirekt** durch Familienbedingungen und Lernen im
Kindergarten. Dies nennt man Sozi- Bedingungen.

Strukturmodelle der Sozi-Bedingungen

Fragestellung: Auf welche Weise ob direkt oder indirekt wirken sie auf
Persönlichkeitsentwicklung?

Vier Ebenen

Alle ebenen stehen im hierarchischen Kontext, höhere setzt Bedingungen für niedrigere,
untere Ebene wirkt auf höhere zurück und kann Veränderungen durchfuhren.

Sozi- Theorie soll Strukturmodelle füllen und Zusammenhang zwischen ebenen
beschreiben, woraus sich Erklärungen für psychische Entwicklung von Individuen
erkennen lassen.

1. Ebene

Mikroebene: Entwicklung von Individuen, Persönlichkeitsentwicklung / Merkmale,
Erfahrungsmuster, kognitive Fähigkeiten. Erwerb der Fähigkeiten in gesellschaftlichem

Austausch / Interaktion mit anderen, handelnde Aneignung und Umgestaltung der
Umwelt im Spiel und Arbeit (siehe KEGAN universelle Ebene, Stufen menschlicher
Entwicklung)
→ Handlungsfähigkeit des Subjekts. Subjektentwicklung.

2. Ebene

Mikroebene. Begriff Interaktion und Tätigkeiten. Eltern-Kind-Beziehung, schulischer
Unterricht, Peer- Groups, Verwandte.

3. Ebene
4.

Institutionen, Militär, Kirchen, teils zum Zweck der Sozi: Schule.

4. Ebene

Makroebene: Gesamtgesellschaftliches System: soziale, politische Struktur

Abbildung: Struktur der Sozi-Bedingungen

Phasen des SP

Mittelpunkt der SF: Ontogenese, Entwicklung des Individuums beim Alter-werden. Vergangene Erfahrungen sind Hintergrund, vor dem neue Erfahrungen Entscheidend werden. Lebensbiografie mit Verschmelzung von vergangenen und neuen Erfahrungen ist bedeutend für Sozi-Theorie.

Differenzierung.

Frühe Sozi in Familie – primär.
Nachfolgende Sozi Schule sekundär und Erwachsenenalter, tertiär.
In jeder Gesellschaft sind Lebensläufe sozial vorstrukturiert / institutionell geprägt: Lebensweisen werden durch Gesellschaft geprägt pro Altersabschnitte und Erfahrungen vorbestimmt.

Phasen des Lebenslaufes

Bsp.: Soziologisches Modell des Lebenslaufes:
Bevölkerungsstatistik anno 1976, 99% 6. Lj. Einschulung, zwischen 15. bis 19. Jahr Schulentlassung, [weitere Statistiken auf S. 28]
→ Mit zunehmendem Alter größere Differenzierung der Biografie.

Entwicklungspsychologie

Untergliedert Lebenslauf. Welche Altersabschnitte können zu Phasen zusammengefasst werden?
Gesellschaftliche Bedingungen definieren Lebensphasen [ich denke da an Krieg..]

2 Theorien zur Sozi – was erklären sie

Was wird unter einer Sozi-Theorie verstanden?

Nach wissenschaftlichen Kriterien erstellte Konstellation von Begriffen und Aussagen, die sich auf den Bereich Sozialisation beziehen.
Sozi-Theorie soll verallgemeinernd und modellhaft reale SP beschreiben und Zusammenhänge erklären. Sozi wird als Prozess gesehen, der zur Vergesellschaftung und Individualisierung führt.Ablauf in Phasen und Sequenzen, haben biografische Abhängigkeit, Aufgabe der Theorie Abhängigkeiten zu erklären.

Sozi-Theorie ist ein wissenschaftliches Aussage-System, das sich mit der Thematik Sozialisation beschäftigt. Metatheorie / metatheoretisch: reflektieren über Theorien über soziale Realität.

2.1 Anforderungen an seine Sozi-Theorie

Ansprüche an gegenwärtige sozi-theoretische Konzepte

• muss von einem umfassenden Verständnis von Persönlichkeit ausgehen, modellhaft auch innerpsychische Prozesse beschreiben.
• Muss von einem aktiv handelnden Subjekt ausgehen, das sich Umwelt aneignet und sich dabei reflexiv selbst verändert.

Fünf Kriterien für wissenschaftliche Theorie (SCHULZE)

Daten

Annahmen und Aussagen auf systematisch gesammelte, empirische Daten gründen.

Konzepte

Versuchen, ein umfassendes Modell oder Konzept zu entwerfen. Es soll ein logischer Zusammenhang zwischen einzelnen Erscheinungen hergestellt werden, der erklärt, was in diesem Bereich geschieht.

Reflexion

Versuchen Schritte, die zur Konstruktion fuhren, zu kontrollieren und für andere nachvollziehbar zu machen.

Reflexion über
- methodisches Vorgehen
- Voraussetzungen der Konstruktion
- Reichweite und Geltung der Aussagen und Annahmen

Diskussionen

Annahmen und Aussagen werden Einwänden und widersprechenden Tatsachen & Erfahrungen ausgesetzt.

Fragen und konstruktive Kritik

Es sollen neue Erkenntnisse gewonnen werden, um gewohnte Handlungsweisen besser zu verstehen oder neue Handlungsweisen zu ermöglichen.
Kritik dient dazu, Gegenstande neugierig und kritisch zu beobachten. Kritik ist auf Erweiterung von Vorstellungen und Plane gerichtet.

2.2 Geschichte der Sozi-Theorie

Verhältnis kindlicher Persönlichkeit zur sozialen oder materiellen Umwelt wird behandelt.

DURKHEIM

Beginnend im 19. JH. DURKHEIM, Untersuchung des Übergangs von segmentären Gesellschaften zu arbeitsteilig organisierten Großgesellschaften. Wie kann unter so geänderten Bedingungen soziale Integration ermöglicht werden?
Individuen müssen Normen und Zwänge der Gesellschaft verinnerlichen. Ansicht: Individuum ist triebhaft, egoistisch, asozial und wird nur durch Prozess es der Sozi gesellschaftsfähig. Erziehung wird als methodische Sozi gesehen und als Instrument der Normenverinnerlichung betrachtet.
→ Zusammenhang von gesellschaftlichen Strukturen, gesellschaftlichen Normen und Persönlichkeitsentwicklung.

FREUD

Persönlichkeitsmodell von Es, Ich, Über-Ich. Kindliche Entwicklung wird als Beziehungsdramatik in Familie bezeichnet.

PAWLOW, WATSON

Lerntheoretiker, und Behavioristen, black box, Lernmechanismus wird als Reiz und Reaktion positivistisch erforscht.

Piaget

Kognitive Psychologie. Persönlichkeit wird beschrieben als kognitive Struktur. Entwickelt sich bei Interaktion des Subjekts mit Umwelt.
→ Alle psychologischen Konzepte beeinflussen Entwicklung der Sozi-Theorie.

Grundkonzepte der Soziologie und Gesellschaftstheorie: MARX, ENGELS

Kritik an kapitalistischen Gesellschaftsformen. In dieser werden auch Bildungsprobleme benannt.

Bildung einer historisch-materialistischen Theorie zur gesellschaftlichen Entwicklung.

PARSON

40er Jahre. Entwickelt strukturell-funktionale Theorie gesellschaftlicher Prozesse: Jedes gesellschaftliche Problem wird in Beziehung zur Stabilität des gesellschaftlichen Gesamtsystems gebracht.
Alle vier Ebenen des SP, Subjekt, Interaktion, Institution, Gesamtgesellschaft, werden miteinander in Bezug gebracht.

MEAD

Betrachtet als Soziologe Mikrobereich der Interaktion und Persönlichkeitsstruktur. Identitätsbildung wird erzeugt durch Zusammenhang zwischen Sprache und kommunikativem Handeln.

3 Soziale Ungleichheit

Moderne Gesellschaften und das Leistungsprinzip

Soziale Position von Leistungen des Subjekts abhängig.

Aufstiege und Abstiege im Lebenslauf möglich.

Unterschiede sind erworben.

3.1 Was ist soziale Ungleichheit

• Ungleiche Verteilung von Lebenschancen

• betrifft größere Personengruppen

• relativ dauerhaft

Gesellschaftlich relevante Ressourcen können sich historisch gesehen verändern, und sind nie objektiv. Verfugung über bestimmte Ressource kann sozialer Rang in der einen, kann wenig Bedeutung in anderen Gesellschaft haben.

3.2 Modelle zur Beschreibung sozialer Ungleichheit

Unterscheidung in deskriptive = beschreibend und praskriptiv = erklärende Modell. Klassen und Schichtmodelle fassen Subjekte in vergleichbare soziöökonomische Lagen zusammen. Ökonomische Faktoren: Produktionsmittel, Klasse nach MARX, Einkommen/Geld/Vermögen als Kriterium der Zuordnung zu Klasse und Schicht. → Ergebnis ist vertikale Hierarchie.

3.2.1 Soziale Klassen / Soziologie

Klassenmodelle

Soziale Klassen unterteilen Gesellschaft in Großgruppen, Zugehörigkeit wird durch ökonomische Faktoren, Besitz, festgelegt. Geringe Anzahl der Klassen.

Begriff der Klasse bei MARX

Klasseneinteilung in Verfugung von Produktionsmittel als ökonomisches Kriterium: Bourgeoisie (Eigentümer) und Proletariat (Verkauf der Arbeitsleistung).

Klasse bei WEBER

Mehrdimensionales Modell. Analyse gesellschaftlicher Ordnung durch ökonomische Faktoren, zeigen sich in Klassen. Untergliedert in Besitz-, Erwerbs-, soziale Klasse, Partei und Stand.

Begriff Klasse bei BOURDIEU

Westliche kapitalistischen Gesellschaften sind Klassengesellschaften. Klassen unterscheiden sich nach Struktur des vorhandenen Kapitals.

3.2.2 Soziale Schicht

Soziale Schicht ist eine Personengruppe, die ähnliche Position im Schichtungssystem hat, weil sie ähnlichen ökonomischen Status besitzt.
Klassen zeigen Übergange und horizontale Ungleichheiten.

GEIGER – dominante Schichtungsprinzip

Anno 1930, Pionier der Schichtmodelle. Schichtmerkmale werden mit Mentalitäten , besondere Art des Denkens und Fühlens, verknüpft.
1. objektive Merkmale für Zuordnung zu jeweiligen Schichten.
2. Schichtmitgliedern getrennt erhobene Mentalitäten zuweisen.
3. Ergebnis: für jede Schicht gibt es typische Mentalitäten.
Annahme, je nach Merkmale ergibt sich unterschiedliche Schichtzugehörigkeiten für Subjekte.

60er, BOLTE

Modell zum gesellschaftlichen Aufbau der BRD.
Zwiebelmodell, stellt zusätzlich Verteilung von Besitz und Macht dar.

3.2.3 Soziale Lagen, Milieus, Lebensstile

Horizontale Ungleichheiten werden betrachtet. Annahme, dass trotz gleicher ökonomischer Rahmenbedingungen Unterschiede auf gleichen vertikalen Ebene entstehen.

Bildungsgrad, Konsumverhalten, Lebensstil sind Indikatoren für Gruppenzugehörigkeit. Ursache für vertikale Ungleichheit: gestiegener Wohlstand, höhere Anzahl an Möglichkeiten zur Individualisierung der Lebensstile.

3.3 Folgen Sozialer Ungleichheit [nicht relevant]

4 Ausgewählte Theorien

4.1 Beispiel 1 – Persönlichkeitsentwicklung, Lebenslauf, Krise, Identitätsbildung, ERIKSON

ERIKSON, Modell von Identität und Lebenszyklus, 50er Jahre.
Intensive Thematik mit Subjektentwicklung in Jugend. Gilt als Theorie der Jugendsozi.
Schüler von FREUD. Steht in Tradition der Psychoanalyse, Begriffe wie ICH, ES, UBERICH.
Frage für ERIKSON: Wie entwickelt sich Persönlichkeit eines gesunden, normalen Menschen? Betrachtet ganze Lebensbiografie.

Acht Phasen bei ERIKSON

Lebensbiografie wird in Phasen von Geburt bis Tod mit Entwicklungskrisen in Verbindung gebracht.
Übernahme von FREUD der Annahme, dass jedes Kind in Entwicklung psychosexuelle Phasen (oral, anal, phallisch) durchlauft.
Erweitert werden Phasen durch Auseinandersetzung der Jugendlichen mit soziokulturellen Anforderungen [Leistungen in Schule / Jobsuche].
Hauptsächliche Identitätsbildung erfolgt in fünften Lebensphase, der **Adoleszenz**.
Heranwachsender bereitet sich vor auf zielgerichtete, in bestimmte Rollen beanspruchende gesellschaftliche Beziehungen.
Subjektentwicklung ist eine Abfolge von Krisen, Überwindung fuhrt zur Erweiterung der Identität.

Identität bei ERIKSON

Verständnis des Subjekts von sich selbst und die Sicht auf sich selbst: Kind sieht sich als
Kind der Eltern, Jugendlicher muss zur eigenen Identität gelangen: Ich-Identität.
Bisherige Kindheitserfahrungen werden in Adoleszenz in Frage gestellt und versucht zu
integrieren.
→ Integration früherer Erfahrungen in eine entwickelte Ich-Identität.
Ausbildung der Identität durch: Künftige Berufswahl, Erwachsenen-Geschlechtsrolle,
politische Ansichten und eigene Wertvorstellungen.

Identitätsdiffusion als Identitätskrise

Angst davor, Anforderungen nicht gerecht zu werden und dass kein stabiles, reflexives
Ich entsteht.
Jugendliche werden Rollen-Experimente erlaubt, aber später dazu gezwungen,
Entscheidungen zu treffen, die zu endgültigen Selbstdefinitionen fuhren können. Beispiel
sei hier die Berufswahl.
Ablösung von Eltern, wenn nicht erfolgreich, wird Identität konflikthaltig sein.

Gesellschaftliche Integration

Ich-Identität wird auf psychische Ebene bezogen. Subjekt sieht sich eigenständig und
einheitlich und verbindet damit gesellschaftliche Integration.
Wer weder Aussteiger noch Abweichler wird, wird zum nützlichen Mitglied der US-Gesellschaft.

Sozialisationstheoretische Entwürfe sind normativ: wünschenswerte Eigenschaften (Ich-
Identität, Autonomie) bilden Aussagen über gelungenen SP.

Vergesellschaftung und Individualisierung im SP

Gesellschaftlich-normierende Seite ergibt der Lebenszyklus, die alle Mitglieder der
Gesellschaft ähnlich durchlaufen [spätere größere Ausdifferenzierung je alter Subjekt ist].
Individualisierungsprozess wird erzeugt durch unterschiedliche Lösungswege bei Krisen.
Somit entstehen Konfliktbiografien, die sich in unterschiedliche Lebensbiografie und
Identitätsformationen zeigen.
Subjektentwicklung bedeutet Gewinn an Handlungsfähigkeit und Autonomie.

Erste Phase – „Ich bin, was man mir gibt"

Vertrauen gegen Misstrauen.
Säugling in Abhängigkeit von Mutter.
Krise: Wird Bedürfnis nicht ausreichend oder nicht befriedigt.

Zweite Phase – „Ich bin, was ich will"

Krise: Zwischen Autonomie und Scham und Zweifel, ob Forderungen mit derzeitigen Kompetenzen erfüllt werden können.

Greifen von Gegenständen und ersten Bewegungen.

Dritte Phase – „Ich bin, was ich mir vorstellen kann"

Krise: Initiative gegen Schuldgefühle.

Kind kommt in Spielalter, bessere sprachliche Möglichkeiten, und sich als ICH auszudrucken. In Phantasie werden Rolle als Eltern übernommen und erotische und sexuelle Bedürfnisse gespielt.Infantil-genitale Phase: Libidose Beziehung zu Eltern, Konflikt zwischen sexuellen Bedürfnissen, da sexuelle Bedürfnisse zu Eltern kulturell nicht zugelassen sind.

Vierte Phase – „Ich bin, was ich lerne"

Tätigkeit gegen Minderwertigkeitsgefühle.

Schulbesuch. Messen mit anderen. Kind lernt, nicht alle Anforderungen erfüllen zu können.
Krise/Konflikt: Leistung vs. Minderwertigkeitsgefühle.

Fünfte Phase: „Wer bin ich, wer bin ich nicht?"

Identitätsbildung gegen Identitätsverwirrung (Diffusion)

Körperliche Verankerungen: Wachstum, Geschlechtsreife.

Neue Bezugspersonen: Gleichaltrige werden Maß der Bewertung von Orientierung.
Loslösung von Bewertungsstrukturen der Eltern - > Phase der Wurzellosigkeit.
Konflikt / Krise: Schafft es Jugendlicher zur Ausbildung einer stabilen Identität oder
geschieht Diffusion?

Sechste Phase: „Ich bin, was ich einem anderen gebe und was ich in ihm finde"

Intimität gegen Isolierung.

Suche nach Partnerschaft, in dieser entstehen Wechselbeziehungen → Intimität. Bei
instabiler Beziehung wird Isolierung erzeugt.

Siebte Phase: „Ich bin, was ich mit einem anderen zusammen aufbaue und erhalte"

Schöpferische Tätigkeit gegen Stagnation.

Erwachsenenalter. Entscheidung für oder gegen Familie mit Kindern.

Achte Phase: „Ich akzeptiere, was ich geworden bin"

Konflikt: Integrität gegen Verzweiflung.

Im reifen Alter wird Leben rückblickend betrachtet, Versuch Lebensbiografie zu
akzeptieren.

Abbildung: Lebenszyklus nach ERIKSON

Psychosoziale Moratorium im Jugendalter (Aufschub, Erprobungsraum)

Jugendliche sind damit beschäftigt, sich auf künftigen Erwachsenenstatus vorzubereiten:
Rechte, Pflichten, Verantwortung und soziale Teilhabe an der Gesellschaft.
Erfahrungen der Kindheit müssen hinterfragt werden und neu organisiert.
Junge Menschen benötigen Karenzzeit zum Erwachsen-Werden.
Mensch sucht sich durch Rollen-Experimente und Test alternativer Lebensformen in

Sektor der Gesellschaft einen Platz.

Moratorium notwendig, da Diskrepanz zwischen biologischer und sozialer Reife besteht.

Wie weit kann eine Gesellschaft jugendlichen Moratorium erlauben? [Mir stellt sich hier die Frage: Wie lang kann man als Mensch Kind bleiben? Wie früh MUSS man Erwachsen-Werden? Job, Beruf.. etc.]

Bildungsmoratorium: Beispiel: Lange Bildungs- und Ausbildungszeiten.

4.2 Theoriebeispiel 2: Kapitalsorten und Habitus bei Bourdieu

Sozi und Kapital – Bourdieu

Menschen in Gesellschaft sind mit unterschiedlicher Menge an Kapital ausgestattet. Menschen unterscheiden sich nach Herkunft, Bildungsgrad, Lebenschancen, Bildungschancen, Wohlstand, Lebensqualität, Kapitalbesitz: Bourdieu nennt dies soziale Klassen und soziale Milieus im durch Kapital strukturierten sozialen Raum. Umfangreiche empirische Studie, die Klassengesellschaften in Frankreich nachweist. Ergebnis zeigt unterschiedliche Lebensstile und Zusammenschluss gleicher / als gleich akzeptierter Subjekte, sowie Abgrenzungsmechanismen der Gruppe gegen Nicht-Angehörige.

Ökonomisches Kapital, kulturelles Kapital, soziales Kapital

Kapital und Kapitalakkumulation. Kapital ist akkumulierte Arbeit: als Material oder inkorporierte, verinnerlichte Form. Kapital kann sich reproduzieren und wachsen und Profite erzielen.

Kapitalbegriff auf ökonomischer Sichtweise

Gesellschaftliche Austauschverhältnisse werden auf profitmaximierender Warenaustausch reduziert, basierend auf ökonomischem Eigennutz.

Alle anderen nicht- ökonomischen sozialen Austausche sind somit uneigennützig.

Aber auch scheinbar unverkäufliche Dinge haben ihren Preis... Sie werden mit Verneinung des ökonomischen Prinzips hergestellt.

Hierbei wird nur die in Geld konvertierbare Profiten betrachtet.

Beispiel: Studienkosten oder die verwendete Studienzeit.

3 Kapitalarten und Transformation

Abhängigkeit von **Transformationskosten**, die für Wirksamkeit entscheidend sind.
• Ökonomisches Kapital: direkt in Geld konvertierbar. Eignet sich zur
Institutionalisierung in Form von Eigentum.
• Kulturelles Kapital: Kann in ökonomisches Kapital konvertiert werden.
Institutionalisierung in schulische Titel.
• Soziales Kapital: Soziale Verpflichtungen, Beziehungen. Institutionalisierung in
Form von Adelstiteln.

Das Kulturelle Kapital

Kann in folgenden Formen existieren:
• verinnerlicht, inkorporiert.
• Objektiver Zustand. In Form kultureller Guter, Bilder, Büchern, Theorien
• institutionalisiert: [Schule, Bildungstitel]

Transmission kulturellen Kapitals in der Familie

Fähigkeiten oder Begabungen können das Produkt der Investition von Zeit oder
kulturellem Kapital sein!
Erziehungssystem leistet nicht nur Profite; sondern auch Reproduktion der Sozialstruktur
[oder konserviert sie...]
Schulischer Ertrag schulischen Handelns, ist in Abhängigkeit von kulturellem Kapital,
welches die Familie zuvor investiert.
Der ökonomische und soziale Ertrag des schulischen Titels ist abhängig vom ererbten
sozialen Kapital.

Inkorporiertes Kulturkapital

Körpergebunden, muss verinnerlicht werden: Verinnerlichens. Akkumulierte
Kultur (Bildung) im inkorporierten Zustand.
Erfordert Lernzeit, Zeit.
Keine Delegation, Inkorporation von Bildungskapital ist Selbstvollzug. Kann nicht durch
Schenkung oder Kauf transferiert werden.
I.K. Wird zu Bestandteil der Person, zum Habitus, aus Haben ist ein Sein geworden.

I.K. Ist sichtbar: Sprechweise einer Klasse oder Region oder körperliche Ausdrucksweise.

I.K. Kann auf dem Weg der sozialen Vererbung weitergegeben werden.

Prozess der Aneignung von objektiviertem, kulturellen Kapital und Zeit von der Familie verkörperten kulturellem Kapital abhängig.

Akkumulation von kulturellem Kapital während Kindheit ist Voraussetzung für Aneignung von Fähigkeiten.

Ausdehnung der Zeit für Akkumulation von kulturellem Kapital kann nur so lange ausgedehnt werden, wie Familie von ökonomischen Zwangen befreite Zeit garantieren kann. [Psychosoziales Moratorium]

Objektiviertes Kulturkapital

Kulturelles Kapital ist materiell übertragbar über seine materiellen Träger (Schriften, Gemälde).

Was ist nicht übertragbar: Verfugung über kulturelle Fähigkeiten, die den Genuss des Bildes ermöglichen. Diese Fähigkeiten sind inkorporiertes Kulturkapital.

Kulturelle Guter konnten somit zum Gegenstand materieller Aneignung werden.

Voraussetzung ist ökonomisches Kapital, sie konnten symbolisch angeeignet werden: Dies setzt inkorporiertes Kulturkapital voraus.

Institutionalisiertes Kulturkapital

Objektivierung von inkorporiertem Kulturkapital in Form von Titeln.

Titel sind schulisch sanktioniert, stehen nicht unter Beweiszwang, sind rechtlich garantiert und gelten formell unabhängig von Person des Titel-Tragears

Schulische (akademischen) Titel sind Zeugnis für kulturelle Kompetenzen, es wird institutionelle Anerkennung verliehen.

Konvertibilität zwischen kulturellem und ökonomischen Kapital durch Bestimmung des Geldwertes, der einen schulischen Titel bedarf.

Titel ist das Produkt der Umwandlung von ökonomischen Kapital in kulturelles Kapital.

Reiz besteht für Titelträger darin, kulturelles Kapital wieder in ökonomisches Kapital umzuwandeln. [Transformation]

Rückumwandlungsstrategie: Abhängig von Bildungsexpansion und Titelinflation. Profite des Titels sind abhängig von Seltenheitswert [Markt und Angebot].

2. Das soziale Kapital

Gesamtheit aller aktuellen und potentiellen Ressourcen, die mit Besitz eines Netzes von institutionalisierten Beziehungen (gegenseitiges Kennen oder Anerkennen) verbunden sind.

Ressourcen, die auf Zugehörigkeit zu einer Gruppe beruhen.

Umfang des eigenen Sozialkapitals ist abhängig von Ausdehnung des Beziehungs-Netzes, sowie des Kapitals (ökonomisch, kulturell, symbolisch) der in Beziehung zu ihm stehenden Personengruppe.

Gesellschaftliche Institutionalisierung kann durch gemeinsamer Namen oder Zugehörigkeit zu einer Familie / Klasse / Stamm geschehen.

Reproduktion von Sozialkapital benötigt Beziehungsarbeit durch Austauschakte, damit sich gegenseitige Anerkennung neu bestätigt

Institutionalisierungsriten

Bedeutet Produktion und Reproduktion von sozialen Beziehungen / Verbindungen, die Zugang zu materiellen Ressourcen schaffen, also absehbar unmittelbarer Nutzen ermöglichen

Gegenseitige Anerkennung und Implizierung der Gruppenzugehörigkeit wird in der Gruppe reproduziert, aber auch deren Grenzen nach außen bestätigt

Institutionalisierte Delegation

Bevollmächtigte werden beauftragt, die Gruppe zu vertreten und in dem Namen zu handeln.

Beispiel Adel. Der Adelige ist die zum Individuum gewordene Gruppe.

3. Kapitalumwandlungen (Transformationsarbeit)

Bestimmte Guter können durch ökonomisches Kapital sofort erworben werden.

Andere Guter können nur durch soziale Beziehungen oder Verpflichtungen erworben werden.

Erweiterung des Kapitalkonzepts von Schröder

• Das symbolische Kapital / Sprache
• physische Kapital (körperlich Leistung und Unterscheidungsmerkmale)
• hebridische Kapital (Rechtsstatus, Staatsangehörigkeit)
• Ökologisches Kapital (Umwelt des Lebensraum)

Abbildung: Kapital nach Bourdieu / Schröder und Beispiele – Sozirelevante

Habitus

Vorgegebene Strukturen werden Kindern in ihrem SP weitergegeben und reproduzieren diese durch ihr Handeln.

Strukturen folgen einer Systematik, generatives Prinzip erzeugt Geschmack, Lebensstil, Bedürfnisse

So geschieht eine Vorstrukturierung durch die soziale Umwelt. Es entstehen typische Denkmuster. Soziale Welt wirkt auf Denken, Wahrnehmung, Handeln prägend, vornehmlich in Kindheitserfahrungen in Familie und durch Eltern.

Habitus ist das Verhalten des Individuum:

• Lebensweise

• Haltung

• Gewohnheiten

• Wertvorstellungen

Durch Eltern geschieht eine Vorstrukturierung der Wahrnehmung der Kinder, da Eltern unbewusst filtern. Dies prägt den Habitus hauptsächlich durch Stellung in der sozialen Struktur.

Habitus vereint Sprache, Gestik, Mimik, Auftreten, Kleidungsstil, Gang,...

Aneignung eines Habitus einer höheren Klasse notwendig für Aufsteiger.

Veränderung des Habitus erfordert Reflexionsmöglichkeit des Subjekte, und bedarf hierbei kulturelles Kapital.

Habitus ist Bewertungsgrundlage zum Vergleich der Angehörigkeit der gleichen Klasse.

Klassenhabitus

Eltern sind repräsentativ für soziale Welt der Klasse. Handlungsrahmen wird hergestellt, der alternative Handlungsweisen für Kinder erschwert.

Klassenhabitus bedeutet, dass Angehörige einer sozialen Klasse bestimmte Vorlieben, Lebensstile und Geschmäcker teilen.

Beispiele für Klassenhabitus: Frauen konnten bis 70er schwer ihr ökonomisches Kapital nutzen: schlechtere Verdienstmöglichkeiten.

Diskriminierung verhindert bei diesen Personen den Einsatz von ökonomischen oder inkorporiertes kulturelles Kapital einzusetzen.

4.3 Theoriebeispiel 3: Individualisierung nach BECK

Was sind die Merkmale der Lebensphase Jugend im 21. Jh.?
Soziale Wandlungs- und Beschleunigungsprozesse im ökonomischen Bereich, technische Entwicklung, Massen- und Kommunikationsmedien: wirken auf Zusammenleben fast aller Menschen.

Individualisierungsthese von BECK

1983 erschienen – „Jenseits von Stand und Klasse", Aufsatz. Buch: „Risikogesellschaft" 1986.
Versuch von BECK die entwickelten Industriegesellschaften zu charakterisieren. Wandel von Industriegesellschaften zu industriellen Risikogesellschaften, von **reichtumsverteilenden** Gesellschaften zu **risikoverteilenden.**
Drohende Umweltkatastrophen, politische Konflikte, moderne Technologien haben Gefährdungspotential
Zugehörigkeit oder Nicht-Zugehörigkeit zu sozialen Klassen ist nicht mehr entscheidend, welche negativen Umwelteinflüsse jemand ausgesetzt ist.
Normale Lebensbiografie von Schule, Ausbildung, Berufsausübung, Ruhestand sind Ausnahme geworden.
Sinngebende Sozi-Formen sind schwindend: Religionen, Nachbar / Dorfgemeinschaften.
Komplexität von Entscheidungen ist angestiegen, sowie Risiko für falsche Entscheidungen.
Preis der Freiheit: Vereinzelung von Individuen innerhalb der Gesellschaft.
→ Jedes Individuum muss eigene Biografie selbst herstellen.

4.3.1 Freisetzungsdimension

Biografie war in traditionellen Gesellschaften durch Statusmerkmale festgelegt: Vater als Familienoberhaupt, Großgrundbesitzer mit Leibeigenen, Jungen mehr Chance auf Bildung als Mädchen
Auflösung von Großgruppen durch Industriegesellschaften zog Bedeutungsverlust der

Familie oder Ehe als Schutzraum nach sich.
In individualisierten Gesellschaften ist ein traditionelles Arbeitermilieu und intakte Grasfamilien nicht mehr vorhanden.

Menschen werden aus gewohnten Lebensbedingungen losgelöst und verstärkt auf sich selbst verwiesen.

4.3.2 Entzauberungsdimension

Freiheit von traditionellen Bezügen bedeutet sein Leben selbst managen zu müssen
Orientierungslosigkeit kann Ängste hervorrufen.
Höhere Erwerbstätigkeit der Frauen bedeutet, dass Frauen auch von Individualisierung betroffen sind.
Familie muss nun zwei hoch-individualisierte Individuen und deren Biografie kombinieren.

4.3.3 Reintegrationsdimension

Diverse Strukturen und Muster integrieren Subjekte in gesellschaftliche System,
schranken aber auch indiv. Entscheidungen ein.
• Schulpflicht
• Ausbildungszeiten
• Wehrdienst (nicht mehr..)
• Renteneintrittsalter
Weitere Merkmale indiv. Gesellschaften: Beispiel ethnische Pluralität: Deutschland ist
Einwanderungsland, dies ist Zeichen für Indiv.prozess.
Indiv. werden aus sozialen Klasseneinteilung gelost, dazu muss sich der Mensch zum
Zentrum eigener Lebensplanungen machen.

Indiv. und Jugend

Lebensbiografie wird aus vorgegebenen Fixierungen gelost und wird zum indiv. Handeln.
Folgen können Anonymität, Entscheidungszwänge, Orientierungslosigkeit, und Isolierung
sein. Zusammengehörigkeiten und soziale Wertvorstellungen treten in Hintergrund.
Subjekte erfahren selbst Austauschbarkeit.
Positive Aspekte: Freisetzung aus Geschlechterrollen, Erholung der
Auswahlmöglichkeiten von Entscheidungen: unterschiedliche Schulbildung.
Durch Auslosung von klassenspezifische Lebenslagen treten indiv. Identitätsbildung
hervor. Es gibt kein milieuspezifische Orientierung mehr.
Jugendliche stehen unter Entscheidungszwänge, wobei Folgen schwer einzuschätzen
sind.

5 Sozi – Bildung – Ungleich

Herkunftsbedingte Ungleichheiten: Empirischer Zusammenhang zwischen Bildungschancen in Abhängigkeit von sozialer Herkunft.

Sozio-linguistische Untersuchungen von BERNSTEIN

schichtspezifische sprachliche Kompetenzen in sozialen Schichten fuhren zum Erwerb eines Sprachcodes: grammatische Fehler, unkomplizierte Sprachverwendung).
Keine Anerkennung in Schule, eher Benachteiligung.
Normierungspraxis der Schulen privilegiert die dem schulischen Ideal entsprechenden: Benotungspraxis, Begabtenforderung, Übergangsempfehlungen...
Soziale Homologie: Unterschichten unterliegen einer Privilegierungspraxis der Schulen.
→ Mechanismen der Reproduktion schulisch vermittelter Ungleichheiten: Schulischer Ausleseprozess findet statt. Eliminierung und Selektion.
Handlungskompetenzen bildungsferner Schichten sind inkompatibel mit Leistungs- und Verhaltenserwartungen institutionalisierter Bildungssysteme.
Aber: Anregung der Bildungsaktivität durch Bedarf des Arbeitsmarktes an höherer Quali.

Fremdeliminierung

Findet auf Strukturebene statt durch nicht erfüllte Normen. Schulische Normierungspraxis bevorzugt bildungsnahe Gruppen im Selektionsprozess.
Institutionalisierter Ausschluss, da keine Anpassung derjenigen an schulische Normierung.

Selbsteliminierung

Findet auf Akteursebene statt durch Verzicht oder Fehlentscheidungen beim Bildungserwerb („ich schaffe das eh nicht").
Geringe Bildungsnahe und selbst gewählter Verzicht.

Weiche Mechanismen der Bildungswahl

Fach-qualifizierte Arbeitsschichten sind eher sicherheitsorientiert, bevorzugen scheinbar weniger riskante mittlere Bildungswege („Was kann man denn mit dem Studium arbeiten..").

Abdrängung: Frauen oder Arbeiterkinder gelangen auf höheren Bildungsweg, bevorzugen aber weichere / praktischere Fächer, die der Sozi mehr entsprechen und sich auf Berufe mit niedrigerem Einkommen abdrängen lassen.

Reproduktion der dreistufigen Qualifikationsstruktur in der BRD

• Eliminierte Gruppe
• mittlere, abgedrängte Gruppe.
• Privilegierte Gruppe.
→ Schulform bildet ständische Hierarchie ab.

5.1 Reproduktion sozialer Ungleichheit –

Erklärungsmöglichkeit nach Bourdieu

Habitus-Konzept ist praskriptiv erklärend.
Vormoderne Gesellschaften: Status eines Subjekts schon vor der Geburt festgelegt. (Sklavenkinder zu Sklaven, etc.)
In modernen Gesellschaften sollte von sozialer Mobilität ausgegangen werden: Kind egal welcher Klasse hat Chance auf Statusposition.
Soziale Mobilität: Personen wechseln zwischen sozialen Positionen und sozialen Schichten.
Horizontale Bewegung: zwischen Lagen auf derselben Ebene, und vertikal als Auf / Abstieg zwischen Schichten.
Intergenerational: Schichtzugehörigkeit zwischen Eltern und Kinder verändert sich.
Generationenvertraglich: Veränderung der Schichtzugehörigkeit innerhalb der individuellen Lebensbiografie.
PISA: … Schulerfolg eng mit Sozialstatus / formalen Ausbildung der Eltern verbunden.
Erschwerung der Kinder aus unteren Schichten inkorporiertes und institutionalisiertes Kapital zu erwerben.
Aus familiärer Ebene wird Habitus übernommen und übergeben: Kleidungsstil, Auftreten.
Ist somit Instrument der Platzierung des Subjektes in der Gesellschaft.
Menschen werden durch Kindheitserfahrungen geprägt.

Weitergabe der Kapitalarten – Vorteil der Kinder aus höheren Schichten (Multiplikatoreffekt)

• Ökonomisches Kapital: Geld für Privatschule, zusätzliche Literatur
• Objektiviertes kulturelles Kapital: Bücher im Haushalt als Anregung zum Lesen.
• Inkorporiertes kulturelles Kapital: Festlegung des Stellenwertes von Bildung durch Familie: Weitergabe an Kinder von Sprachgebrauch, Wert von Museum und Bildung.
• Institutionalisiertes kulturelles Kapital: Eltern können durch Schulwahl Einfluss auf Bildungstitel der Kinder erlangen.
• Soziales Kapital: Möglichkeiten des Netzwerks nutzen, sodass Kinder auf Personen mit inkorporiertem Kapital zurückgreifen können
Somit „einfacher" für Kinder bei Bewältigung schulischer Aufgaben, da bessere Grundausstattung an kulturellem Kapital.
Multiplikatoreffekt: Kapital der Eltern wirkt doppelt ungleichheitsgenerierend: Vor Eintritt durch bessere Startchancen und während Eintritt von Bildungsinstitutionen.

5.2 Analytische Bedeutung

Habitus findet primär in Erstsozi statt. Kinder verfügen bei Eintritt in Sek-Sozi über herkunftsabhängiges Wissen. Somit unterschiedliche Kapitalausstattung!

Soziale Ungleichheit und soziale Milieus als Sozi-Kontexte – Sozi unter Bedingung sozialer Sortierung

Sozial bedingte Ungleichheiten im Gesundheitszustand, Unterschiede in Lebenserwartungen, Mortalitatsunterschiede, höheres Erkrankungsrisiko.
Doppelte Benachteiligung von Unterschichten: erhöhte Krankheitslast, weniger Möglichkeiten Krankheiten vorzubeugen.
Probleme der Unterschichten:
• Psychosomatische Beschwerden.
• Geringschätzung der eigenen Fähigkeiten und Kompetenzen → höhere Neigung zu Introversion, Aggressivität, Drogenmissbrauch.
• Gesundheitlich anfälliger, chronische Krankheiten.
Bedingt durch: soziale Ausschlussmechanismen, Aufwachsen unter schlechten Existenzbedingungen, hierdurch geringere ökonomische, soziale, kulturelle Beteiligung,

geringere Nutzung von Vorsorgeleistungen, ungleiche Kompetenz mit Gesundheit.
Sozial bedingte gesundheitliche Lebenschancen!

Methodologie [Lehre, Theorie der wissenschaftlichen Methoden, Methodik] ungleichheitsorientierter SF

Mit sozialer Vererbung von schlechten Lebens- und Sozibedingungen wird
Ungleichheitsreproduktion betrieben.

Person-Umwelt-Interaktion / Effekt der Ressourcenakkumulation

Geschehen, in dem Person in Kontakt mit Umwelt tritt, ist das Ergebnis vorangegangener
Person-Umwelt-Interaktion. (Effekt der Ressourcenakkumulation)
Grundsätzlich offene Struktur von Persönlichkeitsentwicklung.
Einsicht der Akteure in Gestaltung von Beziehungen und Lebensverhältnissen.
Einfluss auf den Reproduktionsmechanismus sozialer Ungleichheit nehmen
unterschiedliche Sozi-Bedingungen, wenn sie Entwicklungskarrieren festigen und diesen
Zyklus nicht öffnen.

Paradigmenwechsel von deterministischen zu Entwicklungsoffenheit des Subjektverständnisses

• sozial-kognitive Lerntheorie BANDURA
• strukturgenetische Entwicklungstheorie PIAGET
• entwicklungspsychologische Diskussion EMIRBAYER / MISCHE
• Habitus-Konzept BOURDIEU

Kulturelle Ausdrucksformen des Lebensstils und der Lebensführung
Strukturieren NICHT die Verteilung von Lebenschancen, keine Relevanz für
Ungleichheits-Reproduktion.

Zweidimensionale Sozialraummodell BOURDIEU

Verteilung von ökonomischen und kulturellem Kapital markiert Stellung im sozialen
Raum, Aneignung des Habitus, Ausdruck der Lebensstile.

Homologie nach BOURDIEU

Lebensstile, Habitus, Mentalitäten als Homologie(Übereinstimmung) vs. Verfügbarkeit über ökonomische und kulturelle Ressourcen (Kapital).
Modell sozialer Schichten (VESTER) koppelt Verteilungsungleichheiten und Lebensstildifferenzen.

Die sozial-strukturelle Perspektive sozialer Milieus
Wiederspiegelungsthese (vulgär-marxistisch)

Aus objektiven Klassenlagen folgt subjektives gesellschaftspolitisches Bewusstsein und Handeln. Behauptung, dass durch Soziwirkung des Wohlstands und Konsumgesellschaft Unterschiede der Klassenlagen verschwanden.
→ Entwicklung in gebildete Elite und bildungsferne Masse.
Klassen werden als Subkulturen oder Milieu-zusammenhänge mit eigener Identität gesehen. Mit eigener Lebensweise, Berufsethos, Geschmack und Alltagsmoral.
Klassenkultur wird durch SP in individuellen Habitus inkorporiert.
Habitus = innere und äußere Haltung als einheitsstiftendes Prinzip der Praxis.
Zweidimensionales Modell: Vertikale Klasse differenziert sich intern durch horizontale Unterscheidungsmerkmale. Durch neue Klassenfraktionen mit mehr Bildungskapital, beruflicher Kompetenz und Lebensstile.

Deutsche Milieutypologie

Grundlage BOURDIEU und Sinus-Meinungsforschung.
Vertikale Gliederung in:
• privilegierte, 20%, Bildung und Kultur, hat hohen Stellenwert, dadurch Abgrenzung zu anderen.
• Nicht-privilegierte, 68%, respektable Volksmilieu. Gute Facharbeit, sicherer sozialer Status.
• Unterprivilegierte, 12%, gering qualifiziert.

Vertikale Gliederung
In Klassenfraktionen. Unterschied nach:
• Berufsfeld
• Einstellung zur Autorität
• Soziale Hierarchie

Rechts

Kleinbürgerlichen und die konservativsten Gruppen grenzen sich ab, Orientierung hin zum ökonomischen Pol. Abgrenzung gegen Minderheiten, sind autoritär Status orientiert.

Links

Orientierung zum kulturellen Pol. Fachliche Arbeit ist Grundlage für Selbstvertrauen, Selbstbewusstsein, Selbstständigkeit, Toleranz gegen andere soziale Gruppen.

Außen-Links

Hedonistische Avantgarde der Jugendkultur. Abgrenzung zur Mitte durch Idealismus. Aufteilung der Gesellschaft in fünf Milieu-Großgruppen. Gelten als Traditionslinien, da sie Platz im sozialen Raum seit Generationen weitergeben.

Soziale Mobilität in gering zwischen Milieus, aber groß in Milieu selbst: durch berufliche Umstellungen, mehr Bildungserwerb der jüngeren Milieufraktionen.

1) Privilegierte bürgerliche Oberschicht:
  ◦ Grenzt sich durch Lebensstile ab, sichert seit Generationen soziale Stellung.
  ◦ Auch vertreten: Gehobenes Dienstleistungsmilieu. Befinden sich Aufsteiger technischer Expertenberufe und sozialer Dienstleistungen.
  ◦ Junge kulturelle Avantgarde.
2) Volksmilieus der Mitte:
  ◦ Abgrenzung durch respektable Lebensführung, sichere Berufsstellung.
  ◦ Anerkennung der Leistungen und Stellung durch Anerkennung von Fleiß
  • Horizontale Traditionslinien:
  • kleinbürgerliche Traditionslinie: Ständisch-konservativ. Angehörige Stammen aus Familien von Kleinbesitzenden, mussten sich auf Arbeitnehmerberufe umstellen.
  • Moderne Traditionslinie: Setzt auf Autonomie, planvolle Lebensführung, gute fachliche Arbeit, Ausbildung und Leistung
  • erlebnisorientierte, Milieufraktion: Abgrenzung gegen Eltern.
  ◦ Traditionslinien aus: Milieufraktionen modernen Arbeitnehmer.
  • Besetzen konventionelle („Modernes kleinbürgerliches Arbeitnehmermilieu") und moderne Dienstleistungen („Modernes Arbeitnehmermilieu").
3) unterprivilegierten Volksmilieus
  ◦ Erfahrungen durch soziale Ohnmacht: keine planvolle Lebensführung.
  ◦ Flexible Nutzung von Gelegenheiten. Körperlich belastende Beschäftigungen in BRD und DDR.
  ◦ Verlagerung dieser Jobs in andere Lader.

○ Gelten als gering-qualifiziert.

Fazit –

Milieus sind Sozigemeinschaften. Geben spezifische, Generationen überdauernde
Erfahrungen und in Mentalitäten verfestigte Strategien weiter.
Bewältigung der Anforderungen des Bildungserwerbs oder Gesundheitssicherung mit
diesen Strategien.
Jedes Milieu verfugt über komplexe...
• Geschmacksmuster
• Bewertungsmuster
• Moralmuster
• Bildungs- und Berufsstrategien
das auf komplexe Situationen abgestimmt ist, einfallsreich eingesetzt.

Einordnung militärtheoretischer Grundannahmen im Kontext ungleichheitsorientierter Soziforschung

• Unklar wie Ausbildung der milieuspezifische Handlungsbefähigung erfolgt.
• Blackbox aus Wissen, Kompetenzen, Lebensstilmuster..
• Kaum Interventionsmöglichkeiten in Mechanismen ungleicher Chancenverteilung.
• Verkörperung von Auf- und Abstiegsdynamiken in moderneren und jüngeren
Fraktionen. Zunahme von Berufsqualifikationen, Forderung nach mehr
Mitbestimmung.
• Kompetenz jüngerer Fraktionen, sich auf gesellschaftliche Anforderungen des
Kompetenzerwerbs einzustellen
• Es wird aber nach oben ausgebremst, und auf mittlere Berufsausübung fokussiert.
• Über Sortierung nach Milieu werden Heranwachsende von unterprivilegierten
Schichten auf praktische Berufe mit begrenztem Status fokussiert, Frauen auf
Berufsausübung mit geringerem Status.
• Für unterprivilegierte Schichten verhindernde Aufstiegschancen durch Zuteilung
von Bildungswegen, die soziale Hierarchie in Schulformhierarchie abbildet.
• Teufelskreis für Unterprivilegierte durch niedrigem Qualifikationsniveau, Jobs im
Niedriglohnsektor.

Akkulturation

Substantiv, feminin – Übernahme von Elementen einer fremden Kultur durch den Einzelnen oder eine Gruppe; kultureller Anpassungsprozess

6 Lebensphase Jugend

Jugendzeit ca. 12 bis 30 Jahren. Alter jedoch kein zuverlässiges Merkmal für Definition von Jugend. Wann Jugendphase beginnt: Mit Geschlechtsreife.
Erst in Jugend besitzt Mensch geistige Fähigkeiten, Gedankliches vorauszuahnen, Abstraktionsleistung zu vollbringen oder Identität auszubilden.

Jugendphase in Vergangenheit

Kind war Miniausgabe des Erwachsenen. Durch Industrialisierung entzweiten sich Tätigkeitsbereiche von Kindern und Erwachsenen: Trennung von Haus und Arbeitsstätte, Prozess der Verstädterung.

Neues Pädagogisches Verständnis von Kindsein

Kinder gelten als Menschen, die noch nicht erwachsen sind und sich in eigener Entwicklungsphase befinden. Kindheit gilt als eigenständige Lebensphase.

Jugend als historisches Produkt des Bürgertums

Angehörige des Bürgertums waren wohlhabend, konnten Kindern längere Ausbildungszeit auf Berufsleben ermöglichen / finanzieren.

Wandel von Jugend

Bildungsreform der 60er. Mehr Sohne aus Besitz- und Bildungsbürgertum, auch mehr Mädchen und Arbeiterkinder in weiterführende Schulen.

6.1 Entwicklungsaufgaben und gesellschaftliche Mitgliedsrollen im Jugendalter

Lebensphasen des Menschen: Handlungskompetenz und soziale Eingebundenheit steigen von Phase zu Phase.

Was sind Entwicklungsaufgaben des Jugendalters: Anforderungen und Erwartungen anderer Menschen steigen in Komplexität und müssen erfüllt werden. Um Erwartungen zu vollbringen, müssen Leistungen vollbracht, die als Entwicklungsaufgaben bezeichnet werden.

Entwicklungsaufgaben

Soziale Anspruch an Persönlichkeitsentwicklung und Handlungsfähigkeit sind Entwicklungsaufgaben und gesellschaftliche Mitgliedsrollen.

Berufliche Qualifikation

Entwicklung von intellektuellen und sozialen Kompetenzen, um schulische und berufliche Qualifikation zu erfüllen. Ziel ist berufliche Erwerbstätigkeit, eigene ökonomische + materielle Existenz.

Geschlechterrollen

Aufbau einer sexuellen Paarbeziehung als Basis der Familiengrundgnu und Erziehung eigener Kinder.

Nutzung des Freizeit-, Medien-, Konsumware

Entwicklung des eigenen Lebensstils.

Werte und Normensystem

Und eines ethischen und politischen Bewusstseins. Verantwortliche Rollen in Gesellschaft sollen übernommen werden.

Komplexes Netz sozialer Erwartungen, Pflichten und Rollen
Leistungsbereich

Prozess der Übernahme neuer Rollen. Lernleistungen sollen unabhängig von Eltern erbracht werden. Im Jugendalter soll selbstständige Bestimmung der Leistungsfähigkeit erreicht sein.

Ablösung von Eltern

Losung vom System der Familie, Orientierung an Peer-Groups.
Verselbstständigung von sozialen Kompetenzen und Kontakte.

Gesellschaftliche Mitgliedsrollen

Gesellschaftliche Handlungsbefähigung: Jugendliche sollen in soziale Mitgliedsrollen
eintreten.

Autonomie und Eigenverantwortlichkeit

Erfolgreicher Übergang zum Erwachsenenstatus: Alle Entwicklungsaufgaben + Prozess
innerer Ablösung von Eltern und Identitätskrise überwunden.
→ weitreichender Grad von Autonomie und Eigenverantwortlichkeit.

6.2 Individualisierung und Schule

Rolle der Schule

Bietet Möglichkeit wahrend Jugend zur gesellschaftlichen Platzierung.
Eltern oder Lehrer sind in beratenden Funktion.
Individualisierung bedeutet, dass Risiko von Misserfolgen oder Scheiten des
Lebensentwurfs allen zu verantworten ist.
Jugendliche wachsen mit geringerer sozialen Kontrolle auf. Eltern delegieren Teile der
pädagogischen Kompetenz auf schulische Institutionen.

6.3 Individualisierung und Beziehung zu Eltern

Auflösung der Familien

Traditionelle Familienstrukturen zerfallen. Verwandte verlieren Rolle als Vorbilder.
Balanceakt der Familie zwischen Bildungszwang, Kinder, Hausarbeit, Beruf.

Konsequenz für Jugendliche

Modul 1 B Zusammenfassung Bildung und Gesellschaft

Konfrontation mit labilen Familienstrukturen. Ausgelost durch Individualisierungsprozesse
. Bsp.: Stiefeltern, Ehe wird Verbindung auf Zeit.
Keine Geschwister, Jugendliche auf sich selbst gestellt.

Jugend heute

• Bürgerrechte wie Mündigkeit, aktives / passives Wahlrecht oder Zugang zu
gewissen Genussmitteln früher erlangen als ihre Eltern
• Ausgedehntes Bildungswissen im Vgl. zu Eltern
• früherer Wunsch zur Selbstständigkeit, damit auch frühere sexuelle Erfahrungen.
• Eltern suchen mehr Rat von Kindern als früher.

6.4 Fazit – Individualisierung für die Jugendphase

Merkmale
• spätere Entscheidung für einen bestimmten Beruf und damit eine Entkoppelung
von Lernen und Arbeiten.
• Ausdehnung des psychosozialen Moratoriums.
• Langehre Verweildauer in Peer-Groups und Herausbildung eigener
Wertvorstellungen.
• Langehre Verweildauer in Schule.
• Schulstress und hohe eigene und elterliche Leistungserwartungen.
• Spektrum an Wahl- und Bildungsmöglichkeiten für jeden einzelnen Jugendlichen
grober.
• Jugendliche wachsen seltener in betreuten Verhältnissen auf.
–> Trend in Richtung Zunahme der Arbeitslosigkeit, zerrütteter Familien,
Ehescheidungen, Alleinerziehende und Ein-Kind-Familien.